27

L n 1558.

BEAUX-ARTS

1851

ORSEL ET OVERBECK

PAR

CHARLES LENORMANT

MEMBRE DE L'INSTITUT.

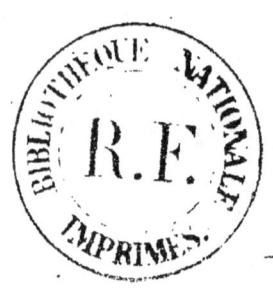

PARIS

DE SOYE ET Cᵉ, IMPRIMEURS

RUE DE SEINE, 36.

1851

BEAUX-ARTS

1851

ORSEL ET OVERBECK

Un grand artiste, un homme d'une haute vertu et d'un talent admirable, un type accompli du peintre chrétien, nous a été enlevé. Tous ceux qui savaient ce que valait Victor Orsel l'ont pleuré ; mais au moment où nous faisions entendre nos regrets, nous étions, pour ainsi dire, les seuls garants de la perte que la France venait de faire. Peu après, les soins pieux de l'amitié associèrent au sentiment de cette perte tous ceux qui, parmi nous, conservent le culte du beau ; on vint en foule admirer la chapelle inachevée de Notre-Dame-de-Lorette ; on se rendit à l'atelier du mort devant le vœu de la ville de Lyon, destiné à l'église de Notre-Dame-de-Fourvières. Une suite d'études, qui rappellent d'une manière frappante les travaux préparatoires de Le Sueur pour sa vie de saint Bruno, faisait comprendre pour la première fois la route pénible, mais nécessaire, qu'Orsel avait parcourue pour asservir la peinture à la direction de sa pensée. L'émotion fut générale, le sentiment de tous ceux dont l'opinion compte pour quelque chose confirma, que dis-je, dépassa le jugement que nous avions exprimé ; en même temps un vœu sortit de toutes les bouches, celui de voir confier l'achèvement des peintures de Notre-Dame-de-Lorette aux artistes qui avaient eu le secret de ce génie ignoré, et dont le culte pour sa mémoire garantissait d'avance le scrupuleux asservissement aux indications qu'il a laissées.

Orsel avait consacré de longues années à la préparation de ses travaux ; ce n'est pas qu'il pensât à se distraire par d'autres occupations : jamais homme n'a été plus religieusement concentré dans l'accomplissement de sa tâche ; mais il avait un immense problème à résoudre, la restauration sérieuse et profonde de la peinture religieuse, et c'était seulement par une gymnastique persévérante qu'il pouvait se rompre à ce renouvellement de ses facultés. Tant qu'il restait enfermé dans sa chapelle, jaloux de ne rendre personne témoin de sa lutte intérieure, il était permis de s'étonner de ces longs retards : le service de la paroisse en souffrait ; on s'irritait de voir, depuis si longtemps, à droite et à gauche du chœur, ces tambours de toile bleue dont on ne pouvait pénétrer le mystère ; on ne laissait pas d'ailleurs de répandre à cet égard les bruits les plus singuliers : à en croire ces gens qui savent tout sans jamais avoir rien vu, Orsel aurait recommencé cinq ou six fois sa chapelle, pour le seul plaisir de faire attendre les fabriciens de Notre-Dame-de-Lorette. Mais enfin, le secret de cette longue attente était révélé, et l'on en voyait les fruits ; je ne connais pas un homme de sens et de goût qui n'ait compris alors, non-seulement qu'Orsel eût consacré tant d'années à ce travail sans pouvoir l'achever, mais encore qu'il y ait épuisé ses forces et consumé son existence.

D'ailleurs il ne travaillait pas pour lui seul : doué plus que personne des facultés du professorat, il avait formé des hommes capables de suivre après lui le sillon qu'il venait de tracer. Ses leçons avaient été si fructueuses et le dévouement de ses élèves si complet, qu'il semblait qu'il leur eût transmis une partie de sa propre substance. Les deux plus avancés de ses disciples, MM. Faivre et Tyr, sont aujourd'hui des artistes complets, dont on peut apprécier le mérite au Salon de cette année ; ils s'offraient, de concert avec M. Périn, dont la vie et les travaux sont restés associés à la vie et aux travaux d'Orsel pendant trente ans, d'achever la chapelle de Notre-Dame-de-Lorette. Orsel a laissé des préparations pour tout ce qui reste à faire ; ses derniers efforts ont été consacrés à fixer au moins les types et l'intention des figures qu'il n'avait pas encore dessinées.

Nous ne craignons pas de le dire, c'était un devoir d'accepter ces offres pour tous ceux qui, à un degré quelconque, avaient un parti à prendre dans la question. Qu'est-il arrivé pourtant? On n'a qu'à se rendre aujourd'hui à Notre-Dame-de-Lorette; on y trouvera les échafaudages enlevés, la chapelle ouverte, et presque tout le bas de la décoration, dont l'achèvement était si nécessaire à l'intelligence de la composition et à l'harmonie de l'ensemble, livré aux regards de la foule, sans que les murs soient seulement couverts. Outre le désavantage inhérent aux dispositions de l'architecte, il semble qu'on se soit fait un malin plaisir de combiner les jours les plus faux pour détruire l'effet des peintures, déjà si compromis par le défaut d'achèvement pour tous ceux qui n'ont pas l'habitude des arts. J'ignore sur qui porte la sévérité du sentiment que j'exprime; comme mes paroles peuvent atteindre des personnes qui occupent un rang élevé et respectable, je prends mes précautions pour ne pas manquer aux égards que certaines positions et certains caractères réclament; mais quels que soient ceux qui ont mis la main dans cette indigne profanation, je leur dis librement et hautement : Vous avez oublié qu'il y a deux choses devant lesquelles les hommes d'intelligence et de cœur doivent toujours s'incliner, la mort et le génie. Aussi vrai que Dieu ne laissera pas la France tomber au rang des nations barbares, le nom d'Orsel vivra et grandira parmi nous : on ira à la chapelle de Notre-Dame-de-Lorette, comme, après que fut tombée la poussière des peintres à grandes machines du règne de Louis XIV, on allait s'inspirer du génie de Le Sueur sous le cloître des Chartreux : et chaque fois qu'un nouvel admirateur rendra hommage à ce martyr de l'art, il apprendra que, même après sa mort, Orsel n'avait rencontré autour de ces voûtes, qu'il devait rendre immortelles, que des aveugles et des ingrats.

L'église Notre-Dame-de-Lorette est, de toutes celles de Paris, la plus surchargée de peintures : il y en a dans le chœur, dans la nef et dans toutes les chapelles des bas-côtés. Quoique le défaut d'intelligence et le laisser-aller dans la distribution des travaux, endémiques en France et arrivés à leur paroxysme dans le XIXᵉ siècle, se laissent voir là comme partout ailleurs, il s'en faut que la décoration de cette église ait été confiée à des mains méprisables. On y voit des ouvrages distingués, tels, par exemple, que la *Présentation au Temple,* de M. Drolling, grande page peinte à la cire sur le mur à droite en entrant dans le chœur, remarquable par la belle distribution des groupes et la grâce sévère de la composition; production mieux appropriée à sa destination qu'on ne pouvait l'attendre d'un artiste qui, avant de mourir, le cerveau barbouillé d'hallucinations socialistes, a eu le malheur de représenter *Saint Paul prêchant devant l'Aréopage* sous des traits dont la vulgarité serait presque une injure à Pierre Leroux ou à Proudhon [1].

Le public apprécie et admire depuis longtemps la chapelle des fonts baptismaux, peinte par M. Adolphe Roger. C'est de cet ouvrage que date en France la restauration de l'art religieux. Un talent d'une suavité, d'une élégance et d'un sentiment précieux a servi à rendre des idées empruntées à la plus pure et à la plus haute doctrine. Les artistes sont satisfaits et les ignorants sont touchés : quand le peintre a atteint ce double but, il mérite une couronne ; mais M. Roger, que nous estimons et que nous aimons depuis longues années, ne nous permettrait pas de lui décerner le prix, si l'on oubliait le maître qui sut diriger ses inspirations et tempérer ses idées. Par une anticipation qui fait honneur à son intelligence et à sa gratitude, M. Roger a placé dans sa chapelle le portrait d'Orsel, avec le front ceint de laurier : il nous permettra donc une comparaison qui les met tous deux, son guide et lui, à leur véritable place, sans que l'homme qui a subi l'impression puisse avoir à se plaindre du rang assigné à celui qui l'a donnée. Il y avait, dans les jeux de la Grèce, plusieurs sortes de combats, suivant les forces et les âges : Pindare montait sa lyre pour les vainqueurs dans la course des jeunes gens comme pour les rois qui avaient envoyé des quadriges : et la gloire était égale, parce qu'elle était proportionnée aux efforts, aux sacrifices et aux résultats.

Voici donc l'impression qu'on éprouve en entrant dans Notre-Dame-de-Lorette ; à part le demi-jour céleste qui enveloppe la chapelle de M. Adolphe Roger, tout respire l'incohérence et la confusion : ce ne sont pas des artistes qui sont venus, dans un sentiment commun, concourir à une œuvre chrétienne ; on penserait plutôt à une salle de vente où l'on accroche indifféremment toutes les toiles à la muraille. Ils n'instruisent pas, ils ne touchent pas ; on voudrait, au contraire, leur imposer silence comme à des importuns qui troublent le recueillement de la maison de Dieu. Après tout ce tumulte de couleurs, on arrive dans cette chapelle désolée, du faîte de

[1] Nous parlons ici de la chapelle de saint Paul dans l'église Saint-Sulpice.

laquelle il semble qu'Orsel vienne de tomber le pinceau à la main. Quand le regard s'est habitué à cette nudité d'une œuvre inachevée, le frisson, je l'éprouvais hier, commence à courir dans les veines : *Deus, ecce Deus;* tout le reste disparaît, comme les figures changeantes qui se forment dans les nuages s'effacent devant la réalité des corps. On ne se rend pas encore compte de l'intention qui a lié toutes ces figures; il y manque même les premiers anneaux de la chaîne qui, dans la pensée du maître, devaient s'emparer du spectateur au bas de la composition, et l'élever graduellement jusqu'aux grands sujets de la coupole. Comme l'effet est grave et tranquille, et que rien n'était plus éloigné de la pensée d'Orsel que l'ambition du relief, rien ne ressemble aussi dans ce qu'on éprouve à la séduction qu'exercent les coloristes ou à l'étonnement qui subjugue devant les œuvres des dessinateurs pour lesquels la religion n'a été qu'une occasion de bien faire : on n'est ni devant *la Résurrection des morts,* du Tintoret, ni devant *le Jugement dernier,* de Michel-Ange; on commence la lecture du prologue d'Esther. Ce qu'on éprouve ressemble à l'émotion qui nous saisit lorsqu'entrant dans la chapelle d'une communauté, nous entendons la voix douce et chaste des religieuses derrière la grille du cœur.

Le culte de la sainte Vierge a créé dans les hommes des idées et des images dont les chefs-d'œuvre de l'art antique n'offrent pas la moindre trace. Quand nous aurions tous les tableaux d'Apelles et de Protogène, nous sommes sûrs que rien n'y ressemblerait et n'y atteindrait à la Madonne de saint Sixte. Sous quelque forme que ce culte se présente, qu'il s'exprime par l'*Inviolata,* le *Regina cœli,* l'*Ave maris stella* ou le *Stabat,* on se sent, avec la reine des anges, élevé au-dessus des anges, et les *litanies* offrent, sous une forme inaccessible à l'analyse de l'art, la réunion de toutes ces beautés. On ne sait pas encore qu'Orsel a voulu rendre aux yeux le sens et la saveur des litanies de la sainte Vierge, et déjà l'on est pénétré d'un sentiment comme l'inspirerait le *Cantique des cantiques,* s'il avait été écrit sous la Nouvelle Loi. C'est de la peinture vierge, tandis que sur tout le reste on n'aperçoit que le fard des courtisanes.

Cet effet éminemment catholique n'est acheté au prix d'aucune imitation, j'allais dire d'aucune singerie. Le peintre ne cache pas qu'il a eu des modèles, et qui pourrait se soustraire de nos jours au fardeau de tant d'exemples illustres ? Mais tout en continuant une

trace glorieuse, il marche dans sa liberté, il est lui-même, et le
cachet qu'il imprime à ses ouvrages, pour être calme et réservé,
n'en est pas moins parfaitement original. On sentira encore mieux
ce mérite, je ne crains pas de le dire d'avance, quand la chapelle-sœur
sera aussi découverte. On sait que la décoration de cette chapelle, qui
fait pendant à celle de M. Orsel, dans le plan de l'église, a été confiée au pinceau de M. Périn, l'ami dévoué de l'artiste que nous pleu-
rons. Sans prévenir le jugement du public, je puis affirmer qu'on
sera frappé à quel point chacun des deux peintres, en dépit d'une
telle communauté de travaux et de pensées, a su conserver son caractère individuel; et ce sera là, ce me semble, un grand argument
en faveur de la méthode qu'ils ont choisie.

L'un et l'autre, c'est le premier trait qui les rapproche, se sont
complètement affranchis du gothique. J'insiste sur ce mérite que des
critiques, d'ailleurs très-favorables à Orsel, n'ont pas fait assez va-
loir. Quant à moi, je n'ai pas de motif pour ménager à cet égard l'expression de ma pensée ; car, dans l'entraînement du retour de l'esprit catholique vers les splendeurs du moyen âge, je n'ai pas à me
reprocher une seule parole qui ait autorisé les expédients par lesquels, après s'être fait illusion à soi-même, on abuse les imaginations tendres et pieuses. Qu'on me permette donc d'associer ma
cause de critique à celle que les deux amis rendront victorieuse par
leurs ouvrages : j'en ai peut-être le droit. Il y a des gens, je le sais,
qui ont découvert le moyen âge ; mais c'est plus de vingt ans après
qu'Orsel, avec son compagnon, méditait les monuments de la peinture chrétienne, tandis que je puisais avec avidité, pour mes propres
études, à cette source précieuse. Nous avons des peintres qui,
après avoir feuilleté quelques manuscrits ou copié quelques vitraux,
tracent de face des figures plates avec des yeux relevés comme ceux
des Chinois, y ajustent une draperie anguleuse qu'ils terminent par
deux pieds en pincette, et s'intitulent par excellence les rénovateurs
de l'art chrétien. Orsel aurait pu, comme tant d'autres, suivre ce
chemin de traverse, il ne l'a pas voulu. Aujourd'hui, on devient
peintre en six mois, peintre chrétien comme peintre socialiste ; Orsel a consacré neuf ans en Italie à la méditation des modèles ; une
telle persévérance, suivie de résultats aussi beaux, mérite bien
qu'on en tienne compte.

Orsel avait inscrit dans sa profession de foi trois articles dont il

n'aurait jamais consenti à sacrifier le faisceau : je veux dire la nature,
l'antique et le sens chrétien. Nos lecteurs, à qui l'on sert ordinaire-
ment d'autres idées, vont peut-être se récrier ; par la nature ils enten-
dront la trogne avinée des bedeaux de M. Courbet ; par l'antique, ils
comprendront la pornographie de M. Gérôme, et ils se demanderont ce
que le peintre de la sainte Vierge pouvait avoir de commun avec ces
tendances grossières et impures. Tâchons de répondre, au nom d'Orsel, à ces dangereuses préventions : il le faisait très-bien lui-même,
indépendamment de la lumière que ses ouvrages devaient jeter sur la
question, et nous voudrions avoir ses propres expressions pour rendre sa pensée. J'ai sous les yeux quelques notes recueillies dans ses
papiers. Ces fragments suffiront peut-être pour donner la clarté et
l'autorité nécessaires à mes paroles ; je commence par l'antique qui
est ce qu'on comprend le moins aujourd'hui, soit qu'on le calque,
soit qu'on le proscrive. « N'oubliez pas, écrivait-il à un de ses élèves
« engagé dans les ordres sacrés, n'oubliez pas d'étudier souvent l'an-
« tique, non comme esprit religieux, mais comme science de la
« forme et grand goût dans les ajustements. Les écrivains chrétiens
« étudiaient beaucoup les auteurs païens de la Grèce et de Rome ; les
« artistes doivent agir comme eux, non pour faire des ouvrages
« semblables aux temples, aux statues ou aux peintures païennes,
« mais pour traiter d'une manière plus vraie et plus savante les sujets
« cherchés dans l'esprit religieux. » Il disait encore au même ecclé-
siastique : « Heureux les artistes qui, comme les grands écrivains
« chrétiens, les pères de l'Eglise, ont su employer des armes païen-
« nes pour servir le christianisme, et qui en étudiant le beau chez
« les anciens s'en sont servi pour donner une belle forme aux subli-
« mes pensées chrétiennes ; lorsqu'elles passent par une bouche d'or,
« n'arrivent-elles pas plus sûrement à l'âme de ceux qui les écou-
« tent ? »

Un de ses amis qui voulait lui consacrer une notice biographi-
que, lui avait demandé quelques indications sur sa vie, ses travaux et ses ouvrages ; il dicta à ce sujet quelques notes qu'il n'eut
pas le courage d'achever, tant il lui coûtait de parler de lui-même.
Je trouve dans ce brouillon les phrases suivantes qui montrent bien
la grande part qu'il voulait qu'on donnât à l'étude de la nature :
« Au milieu de ces recherches, dit-il (il veut parler de l'histoire et
« de la méditation des anciens maîtres), les ouvrages de Raphaël, du

« Poussin, de Le Sueur me montraient que dans un tableau, la
« vérité des gestes, l'expression des têtes, l'impression morale de là
« scène devaient l'emporter sur toutes les autres qualités, cette con-
« dition étant plus nécessaire encore aux sujets religieux qu'à tous
« les autres. Pour arriver à posséder ces qualités, je compris qu'il
« fallait observer constamment la nature dans toutes les circonstan-
« ces de la vie et s'habituer à la surprendre sur le fait, outre l'étude
« sérieuse de chaque partie d'un tableau. Plus on sera naturel, plus
« on deviendra fort et persuasif; et je tournai mes idées de ce
« côté. »

Maintenant, veut-on voir comment Orsel envisageait la tâche du
peintre chrétien? Un autre de ses amis, qui écrivait au moment de sa
mort pour exprimer la douleur qu'il en ressentait, racontait dans sa
lettre l'anecdote suivante : « Comme j'étais dans l'atelier d'Orsel, j'a-
« perçus une étude qu'il avait faite pour sa Vierge de Fourvières, et
« qui me semblait fort belle : je lui témoignai mon étonnement du peu
« de cas qu'il paraissait en faire. Sa figure s'anima d'une expression
« surnaturelle que je ne lui avais jamais vue. « Cette étude, me disait-
« il, n'a pas assez d'élévation dans le caractère de la tête ; c'est pour
« cela que je l'ai abandonnée. » Puis il reprit : « Quand je me figure
« toute cette foule venant s'agenouiller devant ce tableau pour prier
« la sainte Vierge, je me sens électrisé ; je redouble d'efforts
« pour que mon talent arrive à la hauteur du sujet. » En pronon-
« çant ces dernières paroles, sa figure prit une expression sublime
« de foi. »

Tels furent les principes arrêtés par Orsel, lorsque, vers l'âge de
trente ans, cette époque de la vie où l'homme porte en lui tout ce
qu'il sera jamais aux yeux des autres, après plusieurs succès qui lui
assuraient une carrière douce et flatteuse pour son amour-propre, il
résolut de se réformer lui-même afin d'arriver à la réforme de la
peinture religieuse. Il nous apprend, dans les notes que j'ai citées
plus haut, que dès 1815, lors du premier voyage qu'il fit à Paris à
l'âge de vingt ans, la vue des chefs-d'œuvre de l'école italienne, que
la France possédait encore, lui inspira la résolution de se faire peintre chrétien. Je n'ai pas besoin d'ajouter qu'il s'était préparé à
cette espèce d'apostolat par une foi vive et par des mœurs irrépro-
chables.

On dira peut-être : Bien d'autres ont fait de tels projets, conçu des pensées de ce genre. Concilier la nature, l'antique et le Christianisme, c'est très-bien ; mais de l'idée à l'exécution, il existe un abîme, et qui a su le franchir?—Avant de juger si Orsel avait atteint le but, il est bon d'examiner les moyens qu'il y jugeait nécessaires.

Et d'abord, il était convaincu que l'objet de la peinture est d'enseigner. A cet égard, ses idées étaient absolues, et chacun s'en apercevra à la seule vue de ses ouvrages. Ce n'est pas que je consente à le suivre tout à fait sur ce terrain. Je suis de ceux qui croient que l'art est quelque chose par soi-même, que sans application déterminée, sans but moral ou religieux, il est destiné à produire des jouissances permises, et que Dieu qui en a déposé le sentiment, souvent même le besoin, dans l'organisation humaine, n'en a pas interdit l'usage à ceux qui l'emploieraient autrement que dans un but sacré. Je crois qu'à son insu Orsel portait dans ses résolutions, à cet égard, quelque chose de cette logique française qui a produit les erreurs du jansénisme, de même que les aberrations socialistes, qui ne sont que le raisonnement philosophique poussé jusqu'à l'absurde.

Nous n'avons eu, que je sache, qu'une querelle dans notre vie. Dans une revue du Salon, j'avais poussé jusqu'à une hyperbole quelque peu ironique l'éloge de *l'Hôpital des Chiens,* de M. Decamps. Orsel trouvait dangereux ce consentement donné à la fantaisie de l'artiste : je ne pouvais parvenir à lui faire accepter mon péché comme véniel ; il était tout à fait fâché contre moi. Cette exagération, que je me sens porté à relever en lui, n'en rend que plus frappante l'opinion si ferme qu'il avait de la nécessité de chercher dans l'étude de l'antique un des points d'appui essentiels pour arriver à la perfection de la peinture chrétienne. Un homme aussi déterminé à introduire dans l'art le principe exclusif : *Scribitur non ad narrandum, sed ad probandum,* ne saurait être suspect aux yeux des enthousiastes, jeunes ou grisonnants, qui fuient l'antique comme une Capoue corruptrice, ou qui s'obstinent à leurs fonds d'or sans s'apercevoir que le zèle de la maison de Dieu ne leur a pas laissé le loisir d'apprendre l'orthographe de leur art.

Orsel avait encore une conviction exclusive : il ressentait la plus sincère aversion pour les galeries et les tableaux de chevalet.

Dans les précieuses notes, dont je suis autorisé à faire usage, je lis ce qui suit à la date de 1822 : « Études de Périn dans le midi de la France ; paysages et monuments romains ; influence subsé- « quente de cette étude sur la carrière des deux artistes ; » et plus loin : « Les études d'architecture de Périn avaient pris une grande « place dans leurs conversations, et avaient appelé leur attention sur « les beaux monuments dont un grand nombre sont couverts de « peintures. Par les Chambres et la Loge de Raphaël, par un grand « nombre de palais, ils virent que le plus *bel emploi de la peinture* « était *d'orner l'architecture.* »

N'y a-t-il pas encore dans cette formule un certain degré d'exagération ? Quand la peinture entre dans les monuments, elle ne se dépouille pas de tout sentiment d'indépendance, témoin les Chambres mêmes de Raphaël qui font oublier parfaitement l'architecture des salles où elles sont placées. Avec cet autre jansénisme, on arrive à se reprocher comme un péché un fond de paysage, à supprimer les ressources du clair-obscur, et à mutiler volontairement l'art qu'on professe. La *Vision d'Ézéchiel* est-elle moins sublime, pour être placée dans un cadre, et suspendue à une paroi du palais Pitti ? Raphaël faisait marcher concurremment les tableaux de chevalet et la décoration des monuments, et il avait parfaitement raison.

Pour un homme dont les idées étaient aussi arrêtées sur les deux points que je viens de toucher, il va sans dire que le premier besoin était de fixer le sens et le but de la composition. L'idée en était pour lui nécessairement multiple ; il l'avait réalisée pour la première fois, à peu près à sa complète satisfaction, dans son tableau *du Bien et du mal.* Le *Vœu de Notre-Dame de Fourvières* ne rentrait pas dans cet ordre de conceptions ; mais c'était un tableau commandé, et bien qu'à mon sens, il ait poussé plus loin dans cet ouvrage que dans sa chapelle même la réalisation de ce qu'il demandait à l'art, je me sens disposé à mettre au nombre des tourments que lui a causés l'exécution de cet ouvrage, la pensée du défaut de rapport avec ce qui doit l'entourer dans le lieu de sa destination définitive. Il avait fini, en suivant la pente de son génie, à ne plus concevoir qu'une série de tableaux. J'en trouve la preuve dans la composition la plus avancée qu'il ait faite en dehors de la chapelle et du tableau de Fourvières, et qu'il offrit à mademoiselle Louise Bertin.

C'est un dessin lavé au bistre, composé sur des vers de la personne à laquelle il est dédié, vers d'un sentiment vrai et d'une tournure heureuse :

> ..... Riches de la terre,
> Que votre gerbe se desserre,
> Qu'ici-bas elle soit légère :
> Au ciel vous irez la finir.
>
> L'épi que le pauvre ramasse,
> L'ange le reçoit et l'entasse ;
> Dans les cieux, où Dieu les amasse,
> Vous retrouverez vos moissons.
> Car, là haut, aidé par les anges,
> Seigneur, dans les célestes granges,
> Le soir, tu comptes et tu ranges,
> Pour nous les rendre, tous tes dons.

La composition est divisée en deux registres ; en bas, sur la terre, on voit le riche, une figure semblable à celle de Booz, qui laisse tomber les épis de sa gerbe, tandis que dans le fond à droite, les moissonneurs sont courbés sur le sillon : à gauche des malheureux différents d'âge et de sexe, expriment leur reconnaissance pour la commisération dont ils sont l'objet ; dans le plan supérieur, le seigneur porté sur les nuages fait noter à mesure qu'elles se forment les gerbes de la charité : un ange en inscrit naïvement le compte sur le livre de vie. Certes Orsel n'aurait pu aborder les difficultés de cette quadruple action, et les résoudre comme il l'a fait, sans l'habitude qu'il avait prise d'enchaîner les compositions les unes aux autres ; seulement il a prouvé que cette succession de pensées ne l'empêchait pas de trouver le lien et l'harmonie de l'ensemble, même quand il lui fallait faire une composition unique de plusieurs conceptions différentes. Dans cette dernière voie, il n'a eu qu'un maître, et j'oserais dire qu'un devancier : c'est le peintre de *la Transfiguration*.

Cette loi de coordination d'un vaste ensemble fut le premier obstacle qui l'arrêta dans la composition de sa chapelle. L'espace en est ingrat au suprême degré. Sous une coupole hémisphérique, éclairée par une lanterne qui m'a toujours semblé disproportionnée, s'ouvrent quatre arcades, dont une seule, celle qui s'élève au-dessus de la porte de la sacristie, a le cintre rempli par une demi-lune propre à recevoir un sujet ; après cela il ne reste au peintre que les quatre pendentifs et la surface des piédroits divisée par des ressauts peu agréables. L'effort d'Orsel s'est produit en sens inverse de la liberté du champ qui lui était concédé ; il s'est donné, comme on dit, les coudées un peu plus franches dans les espaces plus étendus ; là, au contraire, où la surface lui manquait, et où les autres se seraient contentés de faire courir quelques ornements, il s'étudiait, sans sacrifier l'effet général, à condenser des compositions compliquées. Le mode d'exécution répondait à cette recherche ; contrairement à l'usage de Raphaël qui, malgré le caractère serré de sa composition, faisait enlever au bout du pinceau par ses élèves les arabesques de la Loge, il mettait le même soin et le même temps à préparer ces petits tableaux, ces grisailles dont les figures sont quelquefois dans la proportion d'un sixième de nature, que les sujets de la coupole ou des pendentifs.

Au bas du premier pilier à gauche en entrant dans la chapelle, on peut remarquer une composition qui sert, non pas à rendre, mais à compléter par une troisième expression l'idée de la puissance de la sainte Vierge, *Virgo potens*. Dans l'explication qu'Orsel avait rédigée peu de temps avant sa mort, il avait ainsi indiqué la pensée de cette composition : « Le premier signe de la puissante intercession de la « Vierge s'est montré aux noces de Cana, lorsqu'elle pria son fils et « que l'eau se changea en vin. » Qui se douterait, à la lecture de cette note, qu'Orsel est parti de là pour renouveler la composition entière des *Noces de Cana,* de la manière la plus noble, la plus vraie et la plus ingénieuse ? Quoiqu'il n'ait pas transporté lui-même cette grisaille sur la pierre, il avait tellement rompu à sa manière les plus dévoués de ses élèves, et son étude préparatoire était si avancée, qu'on ferait de cette scène, en la détachant du mur, un délicieux tableau de galerie, à mettre immédiatement au-dessous des divines grisailles de Raphaël dans le musée du Vatican.

On peut donc considérer l'entreprise dans laquelle Orsel a consumé les quinze dernières années de sa vie sans parvenir à en voir le terme, comme une suite de soixante tableaux dont chacun lui a coûté, ou lui aurait coûté, pour arriver à bonne fin, autant de réflexion, de travail et d'inquiétude, que s'il eût mis au salon trois ou quatre grandes toiles par année, avec cette circonstance aggravante que rien de ce qu'il imaginait ne pouvait exister isolément, et qu'il s'agissait non-seulement de bien faire en soi chaque tableau, mais encore de le fondre dans un vaste ensemble dont rien ne devait déranger l'harmonie continue.

Ici, je pense, on va encore trouver de l'exagération, et quelques personnes seront tentées de plaindre Orsel presque autant que de l'admirer. Mais en parlant de la composition, je n'ai jusqu'ici touché qu'une des parties de la préoccupation de cet artiste. Il ne lui suffisait pas d'améliorer l'idée, si la forme n'y répondait exactement, et c'est ici que s'ouvre, à proprement parler, la rude carrière de la réforme qu'il avait entreprise. Sans orgueil et sans manie, rien ne lui convenait dans les exemples vivants qu'il avait autour de lui. Personne n'a rendu un plus sincère hommage qu'Orsel au talent de M. Ingres ; mais il n'était point *ingriste* et ne voulait point l'être. En cela, il diffère essentiellement d'un homme dont le nom est sur toutes les lèvres, dès qu'il s'agit, dans notre école contemporaine, d'une belle application de la peinture religieuse, le nom de M. Hippolyte Flandrin. Je défie qu'on attache plus de valeur que moi à l'abondante et heureuse nature de ce Luini d'un autre Léonard. Quelle plus précieuse qualité que celle qui permet, sans sortir des données d'une peinture noble, judicieuse et expressive, d'accomplir en peu de temps des entreprises gigantesques ! C'est par ce côté de la production que M. Flandrin participe de la nature de Raphaël, plus que son maître. Mais, d'un autre côté, il a trouvé un sillon tout tracé, et s'emparant d'une arme fourbie par une autre main, il s'est habitué à en faire le meilleur usage possible, sans se tourmenter pour savoir s'il pouvait en exister une meilleure : satellite brillant, mais enveloppé dans les rayons d'un astre dont l'éclat ne nous empêche pas d'apercevoir les taches.

Je me contente donc d'admirer l'élève, et je vais droit au maître ; je ne lui demande pas ce qu'il a fait pour la peinture, mais pour le but le plus élevé de la peinture ; j'en suis fâché, malgré le *Vœu de Louis XIII*, malgré le *saint Symphorien*, malgré la *Vierge à l'hostie*, malgré les cartons des vitraux de la chapelle Saint-Ferdinand, le sensualisme ne quitte pas M. Ingres dans la peinture religieuse. Est-ce une palinodie que je commence ? et me reprochera-t-on, sur de précédentes paroles, de brûler ce que j'ai adoré ? Non, sans doute ; mais à parler franchement, à propos de M. Ingres, on a fait plutôt de la polémique que de la critique. Il est temps de dire la vérité, sans perdre le respect pour un talent du premier ordre.

L'école de David était sur son déclin : les gens de goût et de sentiments honnêtes, pour qui le peinture n'est pas une basse entremetteuse, s'effrayaient à bon droit du développement d'une école qui dégrade la nature afin de l'asservir aux passions brutales : un homme s'était conservé en Italie avec toute la fleur de l'idéal, tout en serrant par intervalles l'imitation de plus près que ses condisciples et que son maître lui-même. On avait à réparer envers lui un oubli persévérant, une longue injustice. Quand l'exilé revint, nous le plaçâmes dans un char de triomphe : et comme les causes qui avaient fait de ce talent une énigme pour ceux qui vont tout droit leur chemin, c'est-à-dire l'incomplet, l'affecté, le bizarre, subsistaient toujours, ce fut une gageure qui nous réussit, de faire accepter en tout et pour tout le génie de M. Ingres. Nous avions bien juré, dans notre ardeur juvénile, de faire applaudir *Hernani !* à plus forte raison pouvions-nous porter aux nues M. Ingres, qui, sous certains rapports, demeurera à la tête de l'école française.

Toutefois, entre *les Odalisques* et *l'Apothéose d'Homère* il était difficile de placer un peintre catholique. M. Ingres a fait de l'*intérieur de la chapelle Sixtine* un chef-d'œuvre vraiment religieux ; mais il est plus facile de rendre une chose qui est visiblement sublime que de tirer de son propre fonds les formes de l'idée divine et sainte. Si M. Ingres avait eu l'honneur insigne de faire, d'après nature, le portrait de Notre Seigneur Jésus-Christ, je ne doute pas qu'il n'eût surpassé Léonard de Vinci dans l'expression de la tête du Sauveur. Si donc il n'a qu'imparfaitement réussi dans la voie religieuse, cette infériorité relative tient à deux causes : d'abord à ce que le style chrétien n'admet pas le caprice, cherché ou involontaire. Je prends pour exemple le ravissant tableau de *Françoise de Rimini*, qui appartient à M. le comte Turpin de Crissé. Quand je vois derrière le groupe des deux amants, chaste à force de *vénusté*, la figure grimaçante, antihistorique, inexplicable, du mari, ce Cassandre, ce Pantalon de la comédie vénitienne, tirant à demi sa flamberge, me choque sans doute ; mais je puis en rire, sans que le charme des deux figures du premier plan soit détruit : on dirait même que le peintre a fait comme ces femmes qui choisissent de préférence pour compagnes de pauvres personnes bien laides, afin de relever leur beauté. Mais pour l'image religieuse devant laquelle je me prosterne, si je suis forcé de sourire d'un de ses détails, l'idée qu'elle exprime est profanée et le charme détruit.

Ce qui empêche encore que l'esprit chrétien n'adopte pour type

les meilleures compositions de M. Ingres, c'est qu'il a pris les sujets
catholiques pour prétexte de la peinture, et non pour but. Une certaine latitude d'invention était permise, quand l'air ambiant était
imprégné de Christianisme, et que les peintres les plus insouciants
restaient dévôts à leur insu. Il n'en peut être de même dans une
atmosphère saturée d'incrédulité comme la nôtre : il faut franchir,
à l'exemple des cathécumènes de la primitive Eglise, le seuil du
temple avec un cœur pénétré et une longue préparation, si l'on veut
se rendre digne de célébrer les louanges de Dieu. La religion n'est
point à l'épiderme, mais dans le cœur ; une forme telle quelle ne
s'habille point en madone, quand on l'a vu livrer sa nudité aux mi-
roirs des harems.

La vérité, la noblesse, la chasteté, telles sont les trois conditions qu'Orsel jugeait nécessaires pour produire la forme appropriée au Christianisme. La vérité, dans ce qu'elle a de plus
précis et de plus naïf, était le fondement sans lequel il ne se serait
pas permis de bâtir ; pour lui, la composition elle-même dépendait
de la vérité du geste et du mouvement, et tant qu'il ne l'avait pas
trouvée, il s'abstenait de composer. Du temps de Raphaël, le naturel
était encore partout, dans la physionomie, dans les allures, dans les
gestes : et de là sont venues ces compositions si abondantes qu'il pro-
duisait peut-être sans modèles et sans recours direct à la nature.
Mais depuis lors, les types se sont à la fois appauvris et maniérés,
et la source des compositions spontanées a tari pour les peintres
qui redoutent la vulgarité. Deux voies se sont alors ouvertes,
celles de Léopold Robert et celles d'Overbeck. Robert, à proprement parler, ne composait pas : unissant la chasteté de l'imagination
au sentiment profond de la beauté, il recueillait docilement les données que lui fournissait une nature choisie, et le sujet naissait alors
de lui-même, comme ces combinaisons de hasard qui se forment
dans le marbre ou le bois. C'est, à proprement parler, le plus sé-
rieux des peintres accidentels, comme M. Decamps en est le plus
habile.

M. Overbeck, celui des artistes vivants qui portent le plus haut le
fardeau le plus difficile, a trouvé l'Allemagne engagée dans la dan-
gereuse carrière de la peinture *à priori* : j'appelle ainsi un système dans lequel on oblige les corps et les mouvements à se prêter
bon gré mal gré aux idées de l'artiste. Il ne s'est pas affranchi de

ce mouvement national, mais s'il a persisté dans les doctrines de son pays, ses convictions se sont modifiées sur un point autrement capital, et la piété catholique lui a, en quelque sorte, ouvert les portes du ciel. Il est donc redevenu vrai à force d'idéal, et c'est ainsi que les catholiques de tous les pays l'ont accepté comme le premier des peintres de notre époque et le plus chrétien. M. Overbeck, encore en possession de toutes ses facultés, jouit de sa gloire. Outre les tableaux qu'il médite sur le sol inspirateur de Rome, il envoie aux graveurs de Düsseldorf des compositions tirées de l'Evangile, où se montre, avec un sentiment de piété irréprochable, une faculté étonnante pour créer de nouveaux types religieux. J'ai sous les yeux cinq livraisons du recueil qui se publie sous la direction du graveur Keller[1]. Elles ont fait à Paris la plus grande sensation, et c'était justice. Nous n'avons rien dans notre école actuelle qui puisse lutter avec ces séduisantes compositions. Je ne parlerai pas de celles qui ont excité le plus d'enthousiasme ; je m'arrête à une *Cène* qui généralement ne plaît pas comme le reste, et pour laquelle le zélé et intelligent éditeur, M. Alcan, était presque disposé à me demander grâce : c'était la planche vers laquelle, dès le premier coup d'œil, je m'étais senti porté de prédilection.

Joannes recumbit in sinu Jesu : la sainte assemblée en est arrivée au moment de l'initiation pleine de trouble par laquelle le Sauveur cherche à consoler ses apôtres et à éclairer leur faiblesse. Les vases de la divine Eucharistie ont été enlevés ; Judas s'est éloigné, en repoussant du pied son siége, qui gît renversé sur le premier plan ; les apôtres écoutent avec un mélange de recueillement, d'émotion et de découragement, les paroles que la Passion pourra seule faire germer dans leur âme. Saint Jean s'est couché sur le cœur de Jésus : je ne suis pas bien sûr qu'il comprenne encore ; mais il aime, il croit et il espère. Ainsi, au départ du père de famille, l'enfant s'arrange sur les genoux du voyageur, comme s'il ne devait pas les quitter. La physionomie, de même que le discours de Jésus, sont d'une tendresse qui ne se lasse pas : il frappe encore une fois à la porte de ces cœurs endurcis

---

[1] Darstellungen aus den Evangelien, nach Nierzig Originalzcichnungen von Friedrich Overbeck, 40 planches en 10 livraisons, in-fol. oblong. — Le dépôt central des publications d'Overbeck et des gravures allemandes dites de Düsseldorf est chez Alcan, rue du Vieux-Colombier, n° 29, ancien local des bureaux de *l'Univers,* à Paris.

par l'excès de l'affection avant de l'être par la crainte. Jésus compatit à ces misères ; car il sait que la faiblesse de l'humanité va bientôt faire passer le frisson de l'agonie, même sur son cœur divin. Toutes ces pensées, ces émotions qui se heurtent dans l'âme à la lecture de l'évangile de saint Jean, sont rendues visibles par le génie de l'artiste, avec un mélange de simplicité, de grandeur et d'élégance. Le graveur de cette planche, M. Bartoccini, s'est identifié avec le génie du maître, mieux encore que ses collègues de Düsseldorf ; sa manière un peu dure a presque le sentiment de Marc-Antoine. On dit qu'il a pour lui la préférence d'Overbeck, et je n'en suis pas étonné.

Après s'être incliné devant un tel chef-d'œuvre, on semble avoir mauvaise grâce à limiter les facultés de l'artiste et à tenter de faire voir ce qui manque, non à son génie, mais à sa méthode. Toutefois, la série de Düsseldorf fournirait abondamment à ces remarques critiques. C'est une chose merveilleuse, qu'Overbeck se soit élevé si haut avec un faire de pratique ; mais, on a regret à le dire, ce grand maître rêve la nature, il ne la cherche pas. Tel mouvement, telle intention qui plaît, qui touche, menacent de disparaître, pour peu qu'on veuille les asservir à la réalité. C'est beaucoup plus qu'il ne faut pour le but de la publication ; c'est trop peu généralement pour la peinture d'histoire, et l'on s'afflige en pensant à ce que deviendraient ces pieuses et charmantes images, si, nouveau Pygmalion, le peintre obtenait qu'un souffle de vie descendît sur elles.

Orsel, éclairé par les sages conseils de Pierre Guérin, vécut neuf ans en Italie entre Robert et Overbeck. Son maître ne devait laisser de lui qu'une trace affaiblie, parce qu'il avait manqué un but à sa peinture. Il était malheureusement d'un temps où le temple était oublié et où le théâtre fascinait les imaginations ; mais malgré l'erreur de son époque, il pensait noblement, et lui rester fidèle, c'était s'engager pour la vie à maintenir l'art dans son domaine le plus élevé. C'est sous ses yeux qu'Orsel semble avoir conçu la pensée de combiner ensemble le génie de Robert et celui d'Overbeck, la nature et l'idéal : entreprise qui, à d'autres époques, n'aurait été que le bon sens de la peinture, mais qui, sur un sol comme le nôtre, labouré de tant de folies, souillé de tant de profanations, devenait téméraire et presque impossible à accomplir. Orsel n'a pourtant pas reculé, et les études exposées dans son atelier font voir par quelles séries d'é-

preuves il conduisait son travail avant de lui donner une forme définitive.

La nature ne fournit pas la composition, et sans la composition il
n'y a pas de peinture d'histoire. Il faut d'abord que l'expérience de
l'artiste soit assez grande pour produire un jet qui ne refuse pas, plus
tard, de se soumettre au contrôle de la nature. Cependant le peintre
a franchi ce premier obstacle ; mais la nature qu'il consulte se montre à lui, s'il l'interroge trop brusquement, sous un aspect arrangé
qui la transforme et la défigure : tant qu'il ne l'aura pas saisie sur le
fait dans la liberté de ses mouvements, il manquera à son œuvre le
sel et le parfum les plus nécessaires. La seconde barrière est fran-
chie ; il s'en présente une troisième : trouver un modèle qui se prête
au sujet, à l'expression, à la complexion que le maître cherche, et
après l'avoir rendu avec la force naïve d'un peintre de portraits, l'é-
lever, l'épurer, le sanctifier... Voilà ce qu'Orsel a voulu et ce qu'il a
réalisé ; mais dans quelle mesure, à quel prix ? La faiblesse, la légè-
reté et le peu de savoir de son siècle ont pesé sur lui : il a accepté les conditions de la lutte, et il est tombé mort sur la palme
qu'il saisissait.

J'aurais beaucoup à dire sur le mode d'exécution qu'Orsel avait
adopté : Raphaël aurait reculé devant la difficulté du problème. Cet
artiste angélique, qu'il faut toujours citer, non-seulement pour la plus
haute expression, mais encore pour la raison de l'art, a presque
toujours évité de donner à ses figures un fond uniforme, et quand il
les a enlevées en vigueur sur un champ clair, il a tenu à ce qu'une
certaine variété rompît l'éclat de ce support. Presque toujours, il asso-
cie la richesse de l'architecture et du paysage à l'intérêt des figures.
Quand, par exception, comme dans la chapelle Chigi à Sainte-Marie-
du-Peuple, il place des personnages sur un fond d'or, c'est alors pour
lui de la peinture de décoration qu'il trace ou fait tracer d'une façon
légère. Les peintres qui l'avaient précédé n'en faisaient pas davan-
tage, non par calcul, mais par faiblesse dans les moyens d'exécution ;
ils sont si grands dans leur simplicité même et dans la profondeur
de leur sentiment religieux, qu'on oublie, même quand on les admire
le plus, qu'on a quelque chose à leur pardonner. Orsel prend la peinture à sa plus haute valeur de relief et de rendu, il aspire au résultat
le plus complet, et se prive volontairement de la ressource et du
charme que donnent l'imitation de l'atmosphère en plein air ou dans

l'intérieur des édifices. Ici je crois apercevoir encore l'influence des idées que je lui reproche d'avoir exagérées, préférant l'enseignement par l'art en quelque sorte à l'art lui-même, et subordonnant la peinture à la décoration des édifices.

Avec une tâche aussi ardue, il serait resté en route, sans des facultés éminentes et sans la fécondation persévérante de ces facultés par le travail. L'exposition de ses études a démontré qu'il n'avait pas de rival dans l'école contemporaine, lorsqu'il s'agissait de modeler en réduisant le jeu des ombres à ce qui est indispensablement nécessaire pour exprimer la forme : la figure d'un martyr à genoux qu'on retrouve dans un des pendentifs de la chapelle, plusieurs têtes d'enfants, le portrait de profil du jeune fils de M. Périn sont des exemples qu'il faut citer à l'appui de ce que j'avance. Fermeté, finesse, exactitude, élégance, éclat, naïveté, tout se trouve réuni dans ces études qui feraient honneur aux plus grands maîtres de toutes les époques.

L'habitude de l'isolement et de la concentration avait tellement fixé les idées d'Orsel, qu'il aurait été impossible de le faire revenir sur ce qu'elles pouvaient avoir d'excessif ; il aurait d'ailleurs répondu avec raison que sa chapelle ne comportait pas un autre genre de peinture ; je n'en suis pas moins convaincu qu'eût-il travaillé trente ans de plus, il n'aurait plus peint dans un autre système, et son *Vœu de Notre-Dame de Fourvières* m'en fournit la preuve. Avec un fond de ciel, des nuages, la vue de Lyon en perspective au bas du tableau, il a été comme possédé du souvenir des basiliques de Rome et de leurs imposantes mosaïques. Des personnes, d'ailleurs compétentes, qui n'ont pas subi cette grande impression, et qui font du clair-obscur une des conditions essentielles de la peinture historique, s'étonnent de l'aspect presque diaphane des figures de ce tableau : elles seraient tentées de voir de l'impuissance dans ce qui est l'effet d'une volonté opiniâtrement arrêtée : elles ne réfléchissent pas que si le peintre n'avait pas été à la hauteur de sa tâche, au lieu de têtes d'une expression élevée et parfaitement rendues, au lieu de draperies d'un style et d'un naturel que Fra-Bartolomeo n'eût pas désavoués, elles n'auraient devant les yeux que des images plates et molles découpées sur un fond monotone ; mais un peintre qui prend ainsi à rebrousse-poil les habitudes de l'école, ne se fait pas comprendre à première vue.

En prodiguant ces éloges, je ne me dissimule pas une objection : qui veut la forme, veut la beauté ; Orsel demandait que l'enseignement religieux fût donné *par une bouche d'or ;* a-t-il parfaitement rempli cette condition qu'il imposait lui-même ? Ici se trahit, du moins je le pense, une trace de faiblesse. Chaque peintre a, dans l'imagination comme dans la main, un certain type, et celui d'Orsel manque un peu, sinon de noblesse, au moins de charme : c'est un sort commun aux artistes de Lyon où la beauté pourtant n'est pas rare, mais où les habitudes ont toujours manqué d'élégance. Orsel ne redoute pas assez, d'ailleurs, certains aspects repoussants de la nature : je n'aime pas cette veuve dont le visage est couvert de cendres ; c'est trop prendre au pied de la lettre les usages de l'Orient qui ont laissé leur trace dans le langage de l'Écriture. J'aurais, à sa place, évité les squelettes, et surtout ces figures décharnées de la mort qu'il faut laisser aux compositions plus grotesques que terribles de la *Danse Macabre*. Dans ces occasions, Orsel, qui aurait dû être averti par le goût, obéissait encore à son besoin d'enseigner.

Qu'on ne s'étonne pas de la sévérité apparente de quelques-unes de mes paroles ; je ne dissimule pas ma prédilection pour les hommes qui cherchent le but le plus élevé de l'art ; mais l'admiration que leurs ouvrages m'inspirent ne me cause aucune illusion sur ce qui leur manque. Au contraire, rien ne me démontre plus manifestement l'impuissance de l'homme que la vue des chefs-d'œuvre ; il y a deux ans, je revoyais les marbres du Parthénon et les cartons de Hampton-Court qui, dans deux branches de l'art, sont pour moi le *nec plus ultra* des efforts humains ; et j'étais tenté de dire : *ce n'est que cela!* Plus l'artiste a visé haut, et plus l'on sent la disproportion qui existe entre ce qu'il a conçu et ce qu'il a exécuté.

Mais cette défaite de l'homme, si bien marquée par la lutte de Jacob avec l'ange, a quelque chose de plus grand et de plus consolant que toutes les victoires. « Au fond de l'abîme où nous vivons, dit Platon, « nous croyons être à la véritable surface de notre demeure ; si nous « habitions là mer, nous penserions aussi, en regardant le soleil « et les astres à travers l'épaisseur des eaux, que c'est là le ciel, jus- « qu'à ce qu'un autre être, moins pesant et plus fort, s'élevant jusqu'à « notre hauteur, se fût aperçu de ce qu'a comparativement de plus « pur et de plus brillant l'air qui nous environne. On peut en dire

« autant de nous-mêmes ; pour nous l'air est le ciel, et il nous semble
« que c'est sur le ciel que les astres poursuivent leur cours ; qui nous
« donnera des ailes pour repousser ces ténèbres, et pour apercevoir
« enfin le véritable ciel et la véritable lumière ! » Les grands artistes
ont en partie ces ailes, mais ils n'achèvent pas de traverser l'atmosphère, et après nous avoir transportés bien au-dessus de ce que
nous apercevons, ils retombent à terre, non sans nous avoir fait en-
trevoir les espaces de l'éternité divine dont nous n'avons ici-bas que
l'ombre et l'espérance.

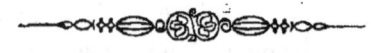

www.ingramcontent.com/pod-product-compliance
Lightning Source LLC
Chambersburg PA
CBHW030127230526
45469CB00005B/1838